手間をかけずに鮮度長持ち！
食品保存 早わかり 便利帳

ホームライフセミナー〔編〕

JN170986

青春新書
PLAYBOOKS

Prologue

手間がかからず鮮度キープ！
ムダなく使いきる！

食品保存の
基本テクニック

忙しくても、ふたり暮らしやひとり暮らしでも、
今日からは、もう食材を余らせない！
本書では、
①より手間がかからず
②より長期間、保存できて
③調理時も便利！
という3つの視点を大事にしながら
食品の保存方法を厳選して紹介します。

食品保存の基本テクニック

①冷蔵庫を上手に使おう

　食品を上手に保存するためには、冷蔵庫を使いこなすことが大切です。冷蔵庫には「冷蔵室」「冷凍室」のほかに「野菜室」「低温室」などがあるものがスタンダードになっています。

　扉式、引き出し式などはメーカーや機種によっていろいろですが、自分の家の冷蔵庫について、温度設定などを知っておくことが大切です。

　保存に適した場所を知り、効率よく冷蔵庫を使って、ムダなく食品を保存しましょう。

②買ってきたらすぐに最適な場所へ

　スーパーで野菜や果物を買ってきたら、とりあえず冷蔵室に入れておく、という人も多いようです。でも、ちょっと待って。食品は種類によって、保存に適した場所がちがうのです。低温が嫌いな果物や野菜は、冷暗所（常温）で保存したほうが長持ちします。

1～2か月OK!

冷暗所（常温）

15～25℃

低温に弱い果物など。タマネギやイモ類は夏以外、常温保存がキホン

冷蔵室

上段：約4〜6℃
開封したジャムなど

中・下段：約2〜4℃
おかずやデザートなど

ドアポケット

約5〜8℃
卵、調味料、ドレッシング、飲料など

低温室

約−3〜+2℃
肉や魚など

冷凍室

約−15〜−22℃
冷凍食品や、長期保存したいもの。ドア式より引き出し式のほうが、開閉時に起きる温度差は少ない

野菜室

約5〜8℃
野菜や果物（低温に弱いもの以外）

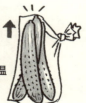

食品保存の基本テクニック

③冷凍するなら、空気を遮断する

　空気に触れると食品は酸化し、冷凍臭がつき、味が劣化してしまいます。ぴったりラップで包んだら、保存用密閉袋や密閉容器に移して冷凍庫へ。密閉袋にストローをさして空気を抜くとなおよい。

④冷凍するときは小分けして使いやすく

　冷凍保存するときは、使いたいぶんだけ使えるように小分けしておくことが大切です。ラップで1回分ずつ包むのがおすすめ。
　ひき肉などは冷凍室に入れる前に筋をつけておけば、冷凍後にパキッと折って使えます。

⑤「新鮮なうちに」「急速に」冷凍させる

　冷凍保存する場合は、新鮮な素材を冷凍させるのが原則です。購入後しばらく経ってからなど、味が劣化してからでは冷凍しても、おいしさは保てません。

　また、うまみや栄養を保ったまま冷凍させるには、「急速に」冷凍させるのが基本。ゆっくり冷凍させると素材が変質することもあるので要注意。
　急速冷凍機能がついた冷蔵庫もありますが、ない場合は「アルミホイルで包む」「アルミのバットに乗せる」といった方法を。

⑥再冷凍はＮＧ！

　一度冷凍したものを再冷凍すると、衛生的に問題がある場合があります。

Prologue

手間がかからず鮮度キープ！　ムダなく使いきる！

食品保存の基本テクニック　3

Part 1　野菜の章

キャベツ、白菜、キュウリ、ナス、タマネギ…
丸ごとも使いかけも、これで鮮度キープ！

Part 2 　果物の章

いちご、みかん、モモ、リンゴ、バナナ… この保存法がおいしさの秘訣！

Part 3　肉の章

**薄切り肉、厚切り肉、ひき肉、ベーコン…
下味冷凍や小分け保存で調理もラクに！**

肉をおいしく食べきるポイント 136

Part 4　魚介類の章

**アジ、サンマ、サケ、刺身、イカ、エビ…
このひと工夫で、ずっと鮮度バツグン！**

魚介類をおいしく食べきるポイント 158

Part 5　主食・卵・乳製品の章

ごはん、パン、めん、卵、チーズ…
ちょっとの手間でおいしさグンとアップ！

Part 6　加工食品・乾物・その他の章

豆腐、昆布、ひじき、カレー…
この保存方法ならスピード調理もカンタン！

加工食品

乾物・おかず

〈本書の使い方〉

1. 本書で紹介した保存期間はあくまで目安です。食品の鮮度、保存状態、季節、保存場所の環境などによって保存期間は変化する可能性があります。紹介した保存期間内であっても、食材の状態がおかしいと感じるときは、料理に使わないようにしてください。

2. 本書は保存方法をおもに紹介しているため、調味料を使う場合の分量についてはとくに記載していません。塩ゆでする場合の塩の分量は「ひとつまみ」、塩、コショウで調味する場合はそれぞれ「少々」を基本にしています。その他の調味料の分量は、好みで適量を入れてください。

3. 本書のイラストでは、冷蔵庫は3ドアを基本にしています。上段が冷蔵室、中段が冷凍室、下段が野菜室のものを想定していますが、メーカーによって各場所や温度帯は異なります。冷蔵庫をお使いになる際は、ご使用の冷蔵庫の取り扱い説明書を参考にしてください。

本文イラスト　池田須香子
本文デザイン・DTP　ハッシィ
編集協力　小沢映子（GARDEN）・宮野明子・大久保寛子

※本書は、2007年8月に小社から刊行された『おいしく食べる新常識！　食品保存の早ワザ・裏ワザ』を加筆・修正し、最新情報を大幅に加えて再編集したものです。

Part 1

野菜の章

キャベツ、白菜、キュウリ、ナス、タマネギ…
丸ごとも使いかけも、これで鮮度キープ！

芯

ペーパーを

野菜をおいしく食べきるポイント

1 購入時に、野菜の鮮度を見分ける

- ☐ まず、色が濃く鮮やかで、みずみずしい
- ☐ レタス、キャベツ、白菜などは、重みがあり形がいい
- ☐ 青菜は、グリーンが鮮やかでみずみずしい
- ☐ キュウリは、イボイボが痛いくらいにある
- ☐ トマトやナス、ピーマンなどの実ものは、皮がピンと張っていてツヤがあり、ヘタがしおれていない

3 冷凍するなら、加熱してから

- ☐ 多くの野菜は、生のままでは冷凍に不向き（水分や繊維を多く含むため、冷凍・解凍すると組織が壊れたり繊維だけが残ったりして食感が悪くなる）
- ☐ ダイコンおろしや細かく刻んだ香味野菜は生のままでも冷凍可
- ☐ ほかの野菜は、固ゆでや電子レンジ加熱などして冷凍する
- ☐ 冷凍した野菜は、凍ったまま加熱調理するのがおすすめ

2 丸ごと、自然に近い状態で保存する

☐ 野菜は丸ごと買ったほうが鮮度を保てる
（キャベツ、白菜、カボチャなどは、カットしているものもあるが、野菜は切り口から乾燥したり、傷んだりしやすい）

☐ 低温に弱い野菜も多い。冷暗所か野菜室で保存が原則

☐ ダイコンやゴボウ、イモ類など、泥つきのものは洗わずに保存
（新聞紙などに包み、直射日光の当たらない冷暗所に置くと長持ちする）

☐ ニンジン、ダイコン、ねぎ、アスパラガスなど、畑で縦に生えている野菜はすべて、立てて保存する
（野菜は収穫後も養分を使って生きている。寝かせると、起き上がろうとしてムダなエネルギーを使い、栄養価も下がってしまう）

野菜

果物

肉

魚介類

主食

卵

乳製品

加工

乾物

その他

ほうれん草、小松菜

1週間以内に使う分は

丸ごと　　新聞紙・ポリ袋　　**野菜室**

1 束をほどいて一株ずつに分けておく。湿らせた新聞紙で全体を包む

2 ポリ袋に入れて口を閉じる

3 根っこを下にして立てて野菜室へ

= 1週間 鮮度キープ!

Point 青菜類は、束ねてあるときはほどくようにする

すぐに使いきれない分は

小分け　　ラップ密閉袋　　冷凍室

1 塩をして沸騰したお湯に、根元から浸し、茎・葉を曲げていき、固めにゆでる

2 水気をしぼり、使いやすい大きさにカット

3 1回分ずつラップで包み、保存用密閉袋に平らにして入れる。冷凍室へ

＝ 2～3週間 鮮度キープ！

Point 凍ったままみそ汁に。室温で半解凍して炒め物に。生のままの冷凍はNG

キャベツ

1週間以内に使う分は

丸ごと　ペーパーポリ袋　**野菜室**

1 芯をくりぬき、湿らせたペーパーを詰める

芯

ペーパーを

2 ポリ袋に入れる

3 芯を下にして野菜室へ

＝1週間 鮮度キープ！

Point 外側からはがして使う

すぐに使いきれない分は

 小分け ラップ密閉袋 冷凍室

1 ざく切りしてペーパーで水気をふきとる

2 ラップで包み、保存用密閉袋に平らにして入れる

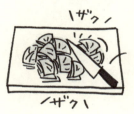

3 冷凍室へ

＝２週間 鮮度キープ！

Point 室温で半解凍して炒め物に

レタス、サラダ菜、サニーレタス

1週間以内に使う分は

 丸ごと ・ ペーパーポリ袋 ・ 野菜室

1 芯の切り口に楊枝を4本ほどさし込み、湿らせたペーパーで包む

2 丸ごとポリ袋に入れる

3 芯を下にして野菜室へ

= **1週間** 鮮度キープ！

Point 使ったら芯もカットし、同じように楊枝を刺す

すぐに使いきれない分は

小分け　密閉袋　冷凍室

1 ざく切りにして固めに塩ゆでし、水気をしぼる

ザクヒ切リに

2 保存用密閉袋に平らにして入れる

3 冷凍室へ

＝２週間 鮮度キープ！

Point 凍ったまま炒め物やスープなどに。シャキシャキ感はなくなるが長く保存できる

野菜
果物
肉
魚介類
主食
卵
乳製品
加工
乾物
その他

白菜

すぐ使いきれない分は

丸ごと　新聞紙　野菜室

1 乾いた新聞紙で丸ごと包む

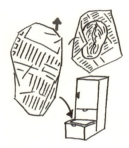

2 芯を下にして立てて野菜室へ

= **2週間** 鮮度キープ！

Point 外側から1枚ずつはがして使う。白菜は冷凍に不向き（くたっとした触感になる）

22

Cooking Memo

自分で漬けるからおいしい！
保存食の定番かんたん白菜漬け

1 縦に6〜8つ割りにする。漬物容器に入れて、3％の塩、少量のこんぶ、赤唐辛子で漬ける

2 翌日に水があがるので、密閉容器に漬け汁ごと小分けする

3 冷蔵室へ

= 1〜2週間 鮮度キープ！

Point 1で密閉容器で漬ける場合、ざく切りにし、容器からあふれるくらいに盛ってフタをする

春菊、水菜

3日以内に使いきれない分は

小分け　ラップ密閉袋　冷凍室

1 固ゆでして水気を
きり、余熱をとる。
使いやすい大きさ
にカット

2 ラップで包み、保
存用密閉袋に平ら
にして入れる

3 冷凍室へ

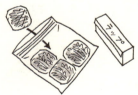

= 1か月間 鮮度キープ！

Point 1で、ゆでずに使いやすい大きさにカットして、
塩をしてもんで水気をしぼる方法でもOK

チンゲンサイ、菜の花

３日以内に使いきれない分は

小分け　ラップ密閉袋　冷凍室

1 固ゆでし、水気をきり、余熱をとる。しぼって、使いやすい大きさにカット

2 ラップで包み、保存用密閉袋に平らにして入れる

3 冷凍室へ

＝２週間 鮮度キープ！

Point チンゲンサイは室温で半解凍して炒め物、煮びたしに。菜の花は自然解凍して和え物などに

わさび菜

3日以内に使いきれない分は

 小分け ラップ密閉袋 冷凍室

1 ひと口大に切る

2 ラップで包み、保存用密閉袋に平らにして入れる

3 冷凍室へ

= 2週間 鮮度キープ！

Point 自然解凍して和え物に。室温で半解凍して炒め物に

ルッコラ

３日以内に使いきれない分は

小分け　　ラップ密閉袋　　冷凍室

1 固めに塩ゆでし、冷水にとる。使いやすい大きさにカットし、水気をしぼる

2 ラップで包み、保存用密閉袋に平らにして入れる

3 冷凍室へ

＝２週間 鮮度キープ！

Point 室温で半解凍してペーストに。自然解凍しておひたしに

ニラ

３日以内に使いきれない分は

小分け 密閉容器 **冷凍室**

1 水洗いし、水気を
しっかりきり、使
いやすい大きさに
カット

2 保存用密閉容器に
入れる

3 冷凍室へ

＝１か月間 鮮度キープ！

Point 凍った袋のままシャカシャカふると、切ったニ
ラがほぐれる。自然解凍して炒め物に

モヤシ

翌日までに使いきれない分は

 小分け　 ラップ密閉袋　 冷凍室

1 固めに塩ゆでし、水気をとる

2 使う分だけラップで包み、保存用密閉袋に平らにして入れる

3 冷凍室へ

塩

＝ 2週間 鮮度キープ！

Point 傷みやすいので冷蔵なら翌日までに使う。生のままの冷凍はNG。凍ったまま炒め物などに

グリーンアスパラガス

 小分け　 ラップ ポリ袋　 冷凍室

1 （根元の固い部分は切り落とす）
固めにゆで、使いやすい大きさにカットし、水気をとり、冷ます

根元からゆでる

2 ラップで包み、保存用密閉袋に平らにして入れる

3 冷凍室へ

= **１か月間** 鮮度キープ！

Point 室温で半解凍して炒め物やローストに

ホワイトアスパラガス

３日以内に使いきれない分は

小分け 密閉袋 冷凍室

1 （根元の固い部分は切り落とす）
使いやすい大きさにカット

2 保存用密閉袋に平らにして入れる

3 冷凍室へ

＝２週間 鮮度キープ！

Point 凍ったままゆでてサラダ、ローストに。グリーンよりやわらかいので、**1**でゆでない

ニンニクの芽

 小分け ラップ密閉袋 冷凍室

1 固めに塩ゆでし（茎は１分、つぼみは15秒）、氷水で一気に冷ます。使いやすい大きさにカットし、ペーパーで水気をふきとる

2 ラップで包み、保存用密閉袋に平らにして入れる

3 冷凍室へ

＝２週間 鮮度キープ！

Point 室温で半解凍して炒め物に

セロリ

3日以内に使いきれない分は

 小分け　密閉袋　 冷凍室

1 葉と茎を切り
分けて、茎は
薄切りにする

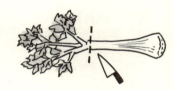

2 保存用密閉袋
に入れる

3 冷凍室へ

= 1か月間 鮮度キープ！

Point 葉も生のまま冷凍し、粉々にもんだら薬味に使える

タケノコ

1週間以内に使う分は

丸ごと　密閉容器　冷蔵室

1 穂先に切れ目を入れ、米ぬか・鷹の爪を入れたお湯で1時間ゆがく

2 水洗いし皮をむく

唐辛子　米ぬか

3 水を張った保存用密閉容器に入れて冷蔵室へ

= **1週間** 鮮度キープ！

Point 風味が落ちやすいので買ったらすぐゆでること。容器の水は毎日かえる

すぐに使いきれない分は

 小分け　 密閉袋　 冷凍室

1 左ページの1～2
の方法で下処理を
して、使いやすい
大きさにカット

2 保存用密閉袋に平
らにして入れる

3 冷凍室へ

= 1 か月間 鮮度キープ！

Point 凍ったまま炊き込みごはんに。室温で半解凍し
て煮物に

クレソン

翌日までに使いきれない分は

 小分け　 ラップ密閉袋　 冷凍室

1 固めに塩ゆでして冷水にとり、使いやすい大きさにカットし、水気をしぼる

2 ラップで包み、保存用密閉袋に平らにして入れる

3 冷凍室へ

= **1か月間** 鮮度キープ！

Point 生のままの冷凍はNG。室温で半解凍してペーストに。自然解凍しておひたしや和え物に

モロヘイヤ

３日以内に使いきれない分は

小分け ラップ密閉袋 冷凍室

1 固めに塩ゆでして冷水にとる。使いやすい大きさにカットし、水気をしぼる

2 ラップで包み、保存用密閉袋に平らにして入れる

3 冷凍室へ

＝ １か月間 鮮度キープ！

Point 凍ったままスープやみそ汁、卵焼きに

ふき

当日中に使いきれない分は

小分け　ラップ密閉袋　冷凍室

1 塩で板ずりしてゆでる。皮をむいてカットし、水気をとる

2 ラップで包み、保存用密閉袋に平らにして入れる

3 冷凍室へ

= 1 か月間 鮮度キープ！

Point 室温で半解凍して煮物に。自然解凍しておひたし、和え物、天ぷらに

スプラウト（かいわれ大根など）

翌日までに使いきれない分は

小分け ラップ密閉袋 冷凍室

1 熱湯をかけ、水気をきり、小分けする

2 ラップで包み、保存用密閉袋に平らにして入れる

3 冷凍室へ

＝ 1 か 月 間 鮮度キープ！

Point 冷凍すると食感が変わるので、室温で半解凍してスープやサラダに。凍ったまま刻んで薬味に

キュウリ

３日以内に使いきれない分は

 小分け　 ラップ密閉袋　 下味冷凍

1 薄切りして、塩もみし、ペーパーでしぼる

2 1回分ずつラップに包み、保存用密閉袋に入れる

3 冷凍室へ

＝ 1 か月間 鮮度キープ！

Point 生での冷凍はNGだが、塩もみすれば冷凍可能に。室温で半解凍して和え物、酢の物に

40

ナス

３日以内に使いきれない分は

 小分け　 ラップ ホイル 密閉袋　 下味冷凍

1 ひと口大にカットし、フライパンで炒める

2 冷めたら１回分ずつラップで包み、さらにアルミホイルで包んで保存用密閉袋に入れる

3 冷凍室へ

＝ １か月間 鮮度キープ！

Point 凍ったまま炒め物などに。生での冷凍は、スが入ってしまうのでNG

トマト、ミニトマト

３日以内に使いきれない分は

1 １個ずつラップで
包む

2 保存用密閉袋に入
れる

3 冷凍室へ

＝１か月間 鮮度キープ！

Point 凍ったまま流水でさらすと、するりと皮がむけ
る。トマトソースなどに

42

ブロッコリー、カリフラワー

翌日までに使いきれない分は

 小分け　密閉袋　 冷凍室

1 小房に切り分けて固めに塩ゆでする。ザルにあげてしっかり水気をきり、余熱をとる

2 保存用密閉袋に平らにして入れる

3 冷凍室へ

1か月OK!

= 1か月間 鮮度キープ！

Point 自然解凍してサラダに。電子レンジで温めてソテーのつけ合わせに

ピーマン、パプリカ

1週間以内に使う分は

丸ごと　　ポリ袋　　野菜室

1 洗って水気をふく

2 ポリ袋に入れ、空気を抜いて口を閉じる

1週間

3 野菜室へ

= 1週間 鮮度キープ！

Point 洗っておけば調理したいときにすぐ使える

すぐに使いきれない分は

小分け　ラップ密閉袋　**冷凍室**

1 ヘタと種をとり、繊維に沿って細切りにする

2 1回分ずつラップで包み、保存用密閉袋に入れる

3 冷凍室へ

＝ 1 か月間 鮮度キープ！

Point 凍ったまま炒め物などに。**1** で細切り後、軽く塩ゆでしておくと、鮮やかな色が保てる

カボチャ

1週間以内に使う分は

 小分け ラップ 野菜室

1 種とワタを取りのぞき、使いやすい大きさにカット

2 ぴったりとラップで包む

3 野菜室へ

= 1週間 鮮度キープ！

Point カット前なら丸ごと新聞紙で包んで冷暗所へ（＝1～2か月OK）

46

すぐに使いきれない分は

小分け　密閉袋　冷凍室

1 ひと口大に切る。電子レンジで固めに加熱し、余熱をとる

2 保存用密閉袋に平らにして入れる

3 冷凍室へ

＝１〜２か月 鮮度キープ！

Point 生での冷凍はＮＧ。凍ったまま煮物に。**1** で熱いうちにつぶしておくと、コロッケなどに便利

ズッキーニ

３日以内に使いきれない分は

小分け　　密閉袋　　**冷凍室**

1 輪切りにして固ゆでする。ザルにあげてしっかり水気をきり、余熱をとる

2 保存用密閉袋に平らにして入れる

3 冷凍室へ

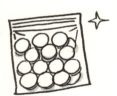

＝ １か月間 鮮度キープ！

Point 室温で半解凍して炒め物、煮物に。カット前は丸ごと新聞紙で包んで常温保存

トウガン

1週間以内に使いきれない分は

 小分け　密閉袋　冷凍室

1 皮をむき、ワタ・種を取って、使いやすい大きさにカット

2 保存用密閉袋に平らにして入れる

3 冷凍室へ

= 1か月間 鮮度キープ！

Point 凍ったままスープや煮物に。カット前は丸ごと新聞紙で包んで常温保存.

トウモロコシ

 小分け ラップ密閉袋 冷凍室

1 3センチ幅の輪切りにして固ゆでし、水気をきって余熱をとる

2 ひとつずつラップで包み、保存用密閉袋に平らにして入れる

3 冷凍室へ

3cm

= 1か月間 鮮度キープ！

Point 室温で半解凍してソテーやお弁当のおかずに。実を一粒ずつバラして冷凍すれば、なお便利

50

ゴーヤ

翌日までに使いきれない分は

 小分け　 密閉袋　 冷凍室

1 縦半分に切って種とワタをとり、固ゆでして水気をきり、余熱をとる

2 保存用密閉袋に平らにして入れる

3 冷凍室へ

= 1 か月間 鮮度キープ！

Point 室温で半解凍して炒め物などに。自然解凍してサラダに

オクラ

３日以内に使いきれない分は

 小分け　 密閉袋　**冷凍室**

1 固ゆでする。ザルにとって水気をきり、小口切りにする

2 余熱をとり、保存用密閉袋に平らにして入れる

3 冷凍室へ

＝２～３週間 鮮度キープ！

Point 凍ったまま汁物などに

シシトウ

３日以内に使いきれない分は

丸ごと 　 密閉袋 　 冷凍室

1 洗ってヘタを取り
のぞき、ペーパー
で水気をふきとる

2 保存用密閉袋に平
らにして入れる

3 冷凍室へ

＝１か月間 鮮度キープ！

Point 凍ったまま和え物や炒め物などに。**1** で斜め切
りなどにカットしておけば、なお使いやすい

タマネギ

丸ごと	カゴや ネット	常温

1 袋から出し、皮つきのままカゴやネットに入れる

2 風通しのよい冷暗所へ（常温保存）

1～2か月OK!

＝１～２か月 鮮度キープ！

- -

Point 使いかけはラップで包んで冷蔵室へ（＝５日間OK）

54

すぐに使いきれない分は【その2】

 小分け
 ラップ
ホイル
密閉袋
 冷凍室

1 薄切り、または、みじん切りにする

2 ラップで包み、さらにアルミホイルで包んで保存用密閉袋に平らにして入れる

3 冷凍室へ

＝１〜２か月 鮮度キープ！

Point 冷凍することで甘みが増す。室温で半解凍してソテーや煮物、ソースに

新タマネギ

1週間以内に使う分は

丸ごと　ポリ袋　**野菜室**

1 皮つきのままポリ
袋に入れる

2 野菜室へ

= 1週間 鮮度キープ！

Point 傷みが早いので常温保存はNG。使いかけはラップして冷蔵室へ（＝4〜5日OK）

すぐに使いきれない分は

 小分け ラップ密閉袋 冷凍室

1 薄切りにする
（またはスライサーで
スライスする）

2 1回分ずつラップ
で包み、保存用密
閉袋に平らにして
入れる

3 冷凍室へ

= 1か月間 鮮度キープ！

Point 凍ったまま炒め物や煮物に。室温で半解凍して
薬味、サラダに

ニンジン

1週間以内に使う分は

丸ごと　新聞紙ポリ袋　野菜室

1 新聞紙で丸ごと包む

2 ポリ袋に入れる

3 野菜室へ

= **1週間** 鮮度キープ！

Point 使いかけは水気をふいてラップで包んで冷蔵室へ（＝4～5日OK）

すぐに使いきれない分は

小分け　密閉袋　**冷凍室**

1 皮をむいて、せん切りにする

2 保存用密閉袋に平らにして入れる

3 冷凍室へ

＝2週間 鮮度キープ！

- -

Point 生のままカットせず丸ごと冷凍はNG。室温で半解凍してきんぴら、天ぷらに

ダイコン

5日以内に使う分は

小分け　ラップ　野菜室

1 葉をつけ根から切り落とす

すぐ cut!

2 ラップで包む

ラップ

3 切り口を上にして立てて、野菜室へ

= **10日間** 鮮度キープ！

Point 葉は根の栄養を吸収してスができてしまうので、買ったらすぐに切り落とす

すぐに使いきれない分は

(小分け)　(密閉袋)　冷凍室

1 厚さ3～4cmの半月
切りやイチョウ切り
にして、軽くゆでる
か電子レンジで加熱
して、冷ます

2 ペーパーで水気を
ふきとり、保存用
密閉袋に入れて平
らにする

3 冷凍室へ

= 2週間 鮮度キープ！

Point 室温で半解凍しておでんやスープに。冷凍すると味がしみやすくなる。生のままの冷凍はNG

カブ

３日以内に使う分は

小分け　ポリ袋　**野菜室**

1 葉と実を切り落とす

cut!

2 それぞれ別にポリ袋に入れる

3 野菜室へ

＝ ３日間 鮮度キープ！

Point 葉はみそ汁の具や、炊き込みご飯に

すぐに使いきれない分は

小分け　密閉容器　**下味冷凍**

1 薄切りし、軽く塩もみして、水気をとる

2 保存用密閉容器に入れる

3 冷凍室へ

塩
しぼって

＝２週間 鮮度キープ！

Point 自然解凍して和え物に。室温で半解凍してソテーに

ゴボウ

1週間以内に使う分は

丸ごと 　 新聞紙 　 常温

1 泥つきゴボウは新
聞紙に包む

2 風通しの良い冷暗
所へ（常温保存）

2週間!

＝2週間 鮮度キープ！

Point 洗いゴボウは湿らせた新聞紙で包み、ポリ袋に
入れて野菜室へ（＝1週間OK）

すぐに使いきれない分は

小分け ラップ密閉袋 **冷凍室**

1 ささがきか薄切りにし、水に浸けてアク抜きをして水気をしっかりきる
（酢は入れなくてもOK）

2 1回分ずつラップで包んで保存用密閉袋に平らにして入れる

3 冷凍室へ

＝１か月間 鮮度キープ！

Point 室温で半解凍してきんぴらや煮物に

果物

肉

魚介類

主食

卵

乳製品

加工

乾物

その他

レンコン

３日以内に使う分は

丸ごと　　新聞紙ポリ袋　　冷蔵室

1 節の途中でカットしてあるものや、使いかけは、ラップでしっかり包む

2 冷蔵室へ

＝４〜５日間 鮮度キープ！

Point 節のままのものなら丸ごと新聞紙で包み、ポリ袋に入れて野菜室へ（＝１週間ＯＫ）

すぐに使いきれない分は

 小分け ラップ 密閉袋 冷凍室

1 薄切りにし、酢を 入れたお湯で固め にゆでて、冷ます

2 ラップで包み、保 存用密閉袋に平ら にして入れる

3 冷凍室へ

酢

= **1か月間** 鮮度キープ！

Point 室温で半解凍してきんぴら、煮物に

野菜
果物
肉
魚介類
主食
卵
乳製品
加工
乾物
その他

クワイ

 小分け　　密閉袋　　冷凍室

1 皮をむき、固めに
塩ゆでし、ペーパ
ーで水気をふきと
る

2 保存用密閉袋に入
れる

3 冷凍室へ

= 2週間 鮮度キープ！

- -

Point 凍ったまま炒め物や蒸し物、煮物に

68

ゆり根

３日以内に使いきれない分は

丸ごと　新聞紙ポリ袋　野菜室

1 おがくずのまま、
新聞紙に包む

2 ポリ袋に入れる

3 野菜室へ

＝ **１か月間** 鮮度キープ！

Point 洗ったゆり根なら、ポリ袋に入れて冷蔵庫へ（＝
２週間ＯＫ）

ジャガイモ、サツマイモ

1か月以内に使う分は

丸ごと　　新聞紙　　常温

1 光が当たらないよう、新聞紙に包む

2 冷暗所へ（常温保存）

＝ 1か月間 鮮度キープ！

Point 生のままや皮をむいた状態での冷蔵はNG。調理時、芽は必ずとる

すぐに使いきれない分は

小分け　　ラップ 密閉袋　　冷凍室

1 皮をむき、使いや すい大きさにカッ ト。電子レンジで 加熱し、冷ます

2 ラップで包み、保 存用密閉袋に入れ る

3 冷凍室へ

＝ 1 か月間 鮮度キープ！

Point 凍ったまま炒め物やソテー、蒸し物、煮物に。 生のままで冷凍はＮＧ

サトイモ

1週間以内に使う分は

丸ごと　新聞紙　常温

1 湿気をさけるため、乾いた新聞紙で包む

2 冷暗所へ（常温保存）

＝2週間 鮮度キープ！

Point 洗ったサトイモなら、新聞紙で包んで野菜室へ（＝1週間OK）

すぐに使いきれない分は

小分け　密閉袋　**冷凍室**

1 皮をむき、使いやすい大きさにカット。固めに塩ゆでして、冷ます

塩

2 保存用密閉袋に入れる

3 冷凍室へ

= 1 か 月 間 鮮度キープ！

Point 凍ったまま炒め物やソテー、蒸し物、煮物に

ヤマイモ、ヤマトイモ

1週間以内に使う分は

丸ごと　　新聞紙　　常温

1 新聞紙に包む

2 冷暗所へ（常温保存）

新聞紙
で！

＝2週間 鮮度キープ！

Point カットしてあるものや使いかけはラップで包み、
ポリ袋に入れて野菜室へ（＝1週間OK）

すぐに使いきれない分は

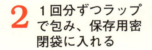

小分け　ラップ密閉袋　冷凍室

1 細切りにする

2 1回分ずつラップ
で包み、保存用密
閉袋に入れる

3 冷凍室へ

＝1か月間 鮮度キープ！

Point 自然解凍してサラダなどに

枝豆

丸ごと　密閉袋　**冷凍室**

1 塩をしてもむ。電子レンジで加熱し、冷ましたらペーパーで水気をふきとる

2 保存用密閉袋に入れる

3 冷凍室へ

＝ 1〜2か月 鮮度キープ！

Point 買った当日中に冷凍するのが美味しさの秘訣。自然解凍または電子レンジで温めて食べる

さやいんげん、スナップエンドウ、そら豆

翌日までに使いきれない分は

丸ごと　密閉袋　**冷凍室**

1 塩をして電子レンジで加熱して、冷ます

2 保存用密閉袋に入れる

3 冷凍室へ

＝ 1 か月間 鮮度キープ！

Point 凍ったまま炒め物や煮物に

絹さや

 丸ごと 密閉袋 冷凍室

1 筋をとり、電子レンジで加熱して、冷ます

2 保存用密閉袋に入れる

3 冷凍室へ

＝１か月間 鮮度キープ！

Point 凍ったまま炒め物やソテー、みそ汁に

みょうが

翌日までに使いきれない分は

小分け　ラップ密閉袋　冷凍室

1 小口切りにし、ペーパーで水気をふきとる

2 ラップで包み、保存用密閉袋に入れる

3 冷凍室へ

= １か月間 鮮度キープ！

- -

Point 食感は変わるが風味は楽しめる。室温で半解凍して薬味やサラダに

長ねぎ

1週間以内に使う分は

小分け　ラップ　**野菜室**

1 半分にカット

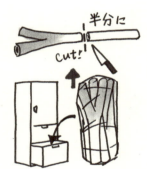

半分に
cut!

2 ラップでしっかり
包む

3 野菜室へ

＝ 1週間 鮮度キープ！

Point 泥つきのものなら新聞紙に包み、立てて冷暗所
へ（＝2週間OK）

すぐに使いきれない分は

 小分け 密閉袋 冷凍室

1 ぶつ切りや細切りなど、使いやすい大きさにカットする

いろんな形でOK!

2 保存用密閉袋に平らにして入れる

3 冷凍室へ

= 1 か月間 鮮度キープ!

Point 冷凍しても食感は変わらない。凍ったまま炒め物や蒸し物、煮物に。室温で半解凍して薬味に

万能ねぎ

  冷蔵室

1 小口切りにする

2 ペーパーを敷いた
保存用密閉容器に
入れる

ペーパーをしく

3 冷蔵室へ

= 1週間 鮮度キープ！

Point 切り口から水分が出やすいので、必ずペーパー
を敷く

82

すぐに使いきれない分は

小分け　密閉容器　**冷凍室**

1 小口切りにして、ペーパーでよく水気をふきとる

2 保存用密閉容器か密閉袋に入れる

3 冷凍室へ

＝１か月間 鮮度キープ！

Point 水気が残っていると傷みやすいので、よくふきとる。凍ったまま薬味やお茶漬けに

しょうが

1週間以内に使う分は

 丸ごと　ラップ　冷蔵室

1 使いかけはラップ
でしっかり包む

2 冷蔵室へ

= **1週間** 鮮度キープ！

Point 買ってすぐなら湿らせた新聞紙に包んで野菜室
へ（＝1週間OK）

すぐに使いきれない分は

1 スライス、みじん切りなど、使いやすい大きさにカットする。丸のままでもOK

2 1回分ずつラップで包み、保存用密閉袋に入れる

3 冷凍室へ

れんこんもOK!

すりおろしやみじんも

切ったらラップで小分け

＝２〜３か月 鮮度キープ！

- -

Point 自然解凍して調理に使う。丸のまま冷凍なら、凍ったまますりおろしに

ニンニク

すぐに使いきれない分は【その1】

丸ごと　　ネットかカゴ　　常温

1 ネットかカゴに入れる

2 風通しの良い冷暗所へ（常温保存）

= **1〜2か月** 鮮度キープ！

Point ニンニクは湿気が苦手なので風通しを良くする。夏場は野菜室へ

86

すぐに使いきれない分は【その2】

 小分け 密閉袋 冷凍室

1 ひとかけずつに分けて、薄皮をむく。そのままか、みじん切り、薄切りなど、使いやすい大きさにカット

薄皮をむいておく

2 カットしたものは1回分ずつラップに包んで保存用密閉袋に入れる

ゴリゴリ

3 冷凍室へ

= **1か月間** 鮮度キープ！

Point 自然解凍して調理に使う

シソ

1週間以内に使う分は

丸ごと　ペーパーポリ袋　冷蔵室

1 湿らせたペーパー
で包む

2 ポリ袋に入れる

3 冷蔵室へ

= 1週間 鮮度キープ！

Point 水分を保つことで、きれいな緑色をキープでき
る

すぐに使いきれない分は

小分け ラップ密閉袋 **冷凍室**

1 1枚ずつラップで包む

2 何枚か重ねながら平らにして、保存用密閉袋に入れる

3 冷凍室へ

= 1か月間 鮮度キープ！

Point 凍ったままカットして薬味や蒸し物、サラダに

パセリ

３日以内に使う分は

 丸ごと コップ 常温

1 水を入れたコップ
にさす

2 冷暗所へ（常温）

＝ **５日間** 鮮度キープ！

Point 夏場は丸ごとポリ袋に入れ冷蔵室へ

すぐに使いきれない分は

1 葉と茎を分ける。
それぞれを刻む

2 1回分ずつラップ
で包み、保存用密
閉袋に入れる

3 冷凍室へ

＝ 2か月 鮮度キープ！

- -

Point 凍ったまま調理に使う

三つ葉、セリ

３日以内に使う分は

 丸ごと　ペーパーポリ袋　**冷蔵室**

1 湿らせたペーパーで根元を包む

2 ポリ袋に入れる

3 冷蔵室へ

湿らせたペーパー

＝**５日間** 鮮度キープ！

Point ２日に１度、ペーパーをかえる

すぐに使いきれない分は

1 電子レンジで軽く加熱し、冷ます。葉と茎を分けて、それぞれ使いやすい長さにカットし、水気をとる

2 1回分ずつラップで包み、保存用密閉袋に入れる

お吸いものなどに

3 冷凍室へ

＝1か月間 鮮度キープ！

Point 室温で半解凍してお吸い物などに

パクチー（別名コリアンダー、シャンツァイ）

1週間以内に使う分は

 丸ごと　ペーパーポリ袋　野菜室

1 湿らせたペーパーで根元を包む

2 ポリ袋に入れる

3 根を下にして、立てて野菜室へ

= **1週間** 鮮度キープ！

Point 2日に1度、ペーパーをかえる

すぐに使いきれない分は

1 葉、茎、根を分け
てそれぞれ使いや
すい長さにカット

2 1回分ずつラップ
で包み、保存用密
閉袋に入れる

3 冷凍室へ

＝ 3〜4週間 鮮度キープ！

Point 凍ったままスープなどに。パクチーは根がいち
ばん香りが強い

バジル

1週間以内に使う分は

 丸ごと   コップ   常温

1 水を入れたコップ
にさす

2 冷暗所へ（常温保存）

= 1週間 鮮度キープ！

- - - - - - - - - - - - - - - - - - - -

Point 水は毎日かえる

すぐに使いきれない分は

1 葉を1枚ずつに分
ける

2 1回分ずつラップ
で包み、保存用密
閉袋に入れる

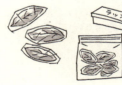

3 冷凍室へ

= 1〜2か月 鮮度キープ！

Point 凍ったままパスタソースに。室温で半解凍して
サラダに。**1**でオリーブオイルをまぶしてもOK

ローズマリー

３日以内に使いきれない分は

丸ごと		常温

1 ５〜６本ずつ束ね
る

2 逆さにして風通し
の良いところに吊
るす

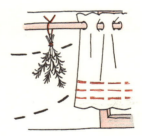

＝１か月間 鮮度キープ！

Point ケーキやピザ、ソテーなどの薬味に。冷凍保存
の場合は P97 のバジルと同様、小分けに

ミント

３日以内に使いきれない分は

1 ミキサーでペーストする

2 １回分ずつ製氷皿に入れる

3 冷凍室へ（アイスキューブにする）

＝１〜２か月 鮮度キープ！

Point 凍ったままお菓子などに。１週間以内に使う分はP94のパクチーと同様

しいたけ

３日以内に使いきれない分は

 小分け ラップ密閉袋 冷凍室

1 石づきをとる。薄切りで使いたいときはスライサーでスライスする

2 １回分ずつラップで包み、保存用密閉袋に入れる

3 冷凍室へ

＝ **１か月間** 鮮度キープ！

Point 凍ったまま炒め物や蒸し物、煮物に

しめじ、エノキダケ、まいたけ

３日以内に使いきれない分は

小分け　　ラップ密閉袋　　野菜室

1 石づきをとり、小房に分ける

2 １回分ずつラップで包み、平らにして保存用密閉袋に入れる

3 冷凍室へ

= **１か月間** 鮮度キープ！

Point 凍ったまま炒め物や蒸し物、煮物に

エリンギ

1 薄切りにするか、またはスライサーでスライスする

2 １回分ずつラップで包み、保存用密閉袋に入れる

3 冷凍室へ

= １か月間 鮮度キープ！

Point 凍ったまま炒め物や蒸し物、煮物に

なめこ

野菜
果物
肉
魚介類
主食
卵
乳製品
加工
乾物
その他

翌日までに使いきれない分は

丸ごと　　　冷凍室

1 購入時のパックの
まま

2 冷凍室へ

そのまま冷凍

使うときは湯せん

＝２週間 鮮度キープ！

Point パックごと湯煎で解凍して食べる

マッシュルーム

３日以内に使いきれない分は

 小分け ラップ密閉袋 **冷凍室**

1 洗わずにスライサーでスライスし、レモン汁をかける

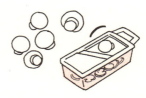

2 １回分ずつラップで包み、保存用密閉袋に入れる

3 冷凍室へ

＝ １か月間 鮮度キープ！

Point 凍ったまま煮込みやスープ、アヒージョに

Part 2

果物の章

いちご、みかん、モモ、リンゴ、バナナ…
この保存法がおいしさの秘訣！

ヘタを
下に

風通しのよい場所で

いちご

３日以内に食べる分は

丸ごと　　ペーパー密閉容器　　野菜室

1 ペーパーで水気を
ふきとる

2 ペーパーを敷いた
保存用密閉容器に、
ヘタを下にして並
べる

3 野菜室へ

＝ ３日間 鮮度キープ！

Point 洗うと傷むので、そのまま冷蔵し、食べる直前
に洗うようにする

すぐに食べきれない分は

 丸ごと   密閉袋 冷凍室

1 ヘタをとって洗う。ザルにあげてペーパーで水気をしっかりふきとる

2 保存用密閉袋に入れて平らにする

3 冷凍室へ

= 3週間 鮮度キープ!

Point 室温で半解凍してヨーグルトデザートに。自然解凍してピューレ、ソースに

柿

丸ごと　カゴかザル　常温

1 実がかたい柿は、カゴかザルに入れる

2 風通しの良い冷暗所へ（常温保存）

＝5日間 鮮度キープ！

Point 熟した柿は、ポリ袋に入れ冷蔵室へ（＝1週間OK）

108

すぐに食べきれない分は

（小分け）（密閉袋）【冷凍室】

1 皮をむく。実がかたい
柿は、スライスするか、
ざく切りにする。熟し
た柿は、ミキサーでピ
ューレ状にする

2 保存用密閉袋に
入れる

3 冷凍室へ

＝１か月間 鮮度キープ！

Point 室温で半解凍してシャーベットに。自然解凍し
フルーツソースなどに

キウィフルーツ

1週間以内に食べる分は

 丸ごと　 ポリ袋　冷蔵室

1 丸ごとポリ袋に入れる

2 冷蔵室へ

= 1〜2週間 鮮度キープ!

Point かたいキウィはリンゴと一緒にポリ袋に入れて冷暗所に置いておくと早く熟す

110

すぐに食べきれない分は

 小分け　密閉袋　**冷凍室**

1 皮をむいて食べやすい大きさにカットする。洗ってザルにあげ、ペーパーで水気をふきとる

2 保存用密閉袋に入れる

3 冷凍室へ

= 1 か 月 間 鮮度キープ！

Point 凍ったままシャーベットに。室温で半解凍してソースに

なし

1週間以内に食べる分は

丸ごと　　新聞紙ポリ袋　　**野菜室**

1 新聞紙で包むか、ポリ袋に入れる

2 野菜室へ

or

＝1〜2週間 鮮度キープ！

Point 乾燥させないように気をつける

すぐに食べきれない分は

 小分け　 密閉袋　冷凍室

1 皮をむき、食べやすい大きさにカットする。洗ってザルにあげ、ペーパーで水気をふきとる

2 保存用密閉袋に入れる

3 冷凍室へ

＝２週間 鮮度キープ！

Point 凍ったままヨーグルトデザートに。室温で半解凍してシャーベットに

グレープフルーツ、オレンジ

1週間以内に食べる分は

丸ごと　　カゴか ザル　　常温

1 カゴかザルに入れる

2 風通しの良い冷暗所へ（常温保存）

風通しがよい冷暗所に

＝ 1週間 鮮度キープ！

Point ほかに夏みかん、ネーブルなどのかんきつ類もこの方法で保存OK

すぐに食べきれない分は

小分け　密閉袋　**冷凍室**

1 皮をむき、ひと房
ずつ薄皮をむく

2 保存用密閉袋に入
れて平らにする

3週間ok!

3 冷凍室へ

＝３週間 鮮度キープ！

Point 凍ったままか、自然解凍してデザートに

みかん

1週間以内に食べる分は

丸ごと　　カゴかザル　　常温

1 ヘタを下にして、カゴかザルに入れる

ヘタを下に

2 風通しの良い場所へ（常温保存）

風し通しのよい場所で

= **2〜3週間** 鮮度キープ！

Point 傷んでいるみかんは取り除いておく。箱のままだと底から傷むのでときどき上下を入れ替える

すぐに食べきれない分は

 丸ごと ラップ 密閉袋 冷凍室

1 丸ごと冷凍室で3 ～4時間ほど凍ら せる

丸のまま
まず3～4時間

2 ひとつずつラップ で包み、保存用密 閉袋に入れる

3 冷凍室へ

= 1か月間 鮮度キープ！

Point **1**で冷凍後、氷水にくぐらせて水分をふかずに 再冷凍すると、パリッとした食感に

ブドウ

３日以内に食べる分は

丸ごと　　ポリ袋　　**冷蔵室**

1 ポリ袋に入れる
（パック入りならパックのまま）

2 冷蔵室へ

食べる直前に！

＝３日間 鮮度キープ！

Point 洗うと傷みやすいので、そのまま冷蔵し、食べる直前に洗うようにする

118

すぐに使いきれない分は

(小分け)　(密閉袋)　**冷凍室**

1 房からはずし、洗ってザルにあげ、ペーパーで水気をふきとる

2 平らにして保存用密閉袋に入れる

3 冷凍室へ

＝ 2〜3週間 鮮度キープ！

- -

Point 凍ったままでも室内で半解凍してもおいしく食べられる

サクランボ、ブルーベリー、ラズベリー

翌日までに食べきれない分は

 小分け　 密閉袋　 冷凍室

1 洗ってザルにあげ、
ペーパーで水気を
ふきとる

2 保存用密閉袋に入
れる

3 冷凍室へ

= 1 か月間 鮮度キープ！

Point 解凍すると色が落ちるので、凍ったままシャー
ベットなどのデザートにするとよい

すいか

カット後、翌日までに食べきれない分は

 小分け　密閉袋　**冷凍室**

1 食べやすい大きさ
にカットする

2 保存用密閉袋に入
れる

3 冷凍室へ

= **1か月間** 鮮度キープ！

Point 凍ったままでシャーベットに。室温で半解凍し
てジュースに。丸のすいかは常温保存が基本

メロン

 小分け　 密閉袋　 冷凍室

1 皮をむき、食べやすい大きさにカットする。洗ってペーパーで水気をふきとる

2 保存用密閉袋に入れる

3 冷凍室へ

= **1か月間** 鮮度キープ！

Point 凍ったままヨーグルトデザートに。室温で半解凍してミキサーしジュースに

モモ、ビワ

完熟後すぐに食べきれない分は

(小分け) (密閉袋) **冷凍室**

1 皮をむき、サイコ
ロ状にカットする。
砂糖、レモン汁を
加えて煮る

2 冷ましたら保存用
密閉袋に入れ、平
らにして空気を抜
く

3 冷凍室へ

＝ 1 か月間 鮮度キープ！

Point 凍ったままシャーベットに。未熟なら常温保存
が基本。生のままの冷凍はNG

アボカド

カット後、翌日までに使う分は

 小分け   ラップ   野菜室

1 縦半分にカットし、種をつけた状態にする

2 ラップでしっかり包む

ぴったりと
ラップ

3 野菜室へ

= 2日間 鮮度キープ！

Point アボカドは真夏以外、丸ごと常温保存が基本。緑色の皮が黒っぽく熟したら食べごろ

完熟後すぐに使いきれない分は

小分け　密閉袋　冷凍室

1 皮をむいて種をとる。食べやすい大きさにカットして、レモン汁をかける

2 保存用密閉袋に入れ、平らにして空気を抜く

3 冷凍室へ

レモン汁

= 3週間 鮮度キープ！

Point 室温で半解凍してディップに

栗

３日以内に使いきれない分は

小分け　　密閉袋　　**冷凍室**

1 ゆでて皮をむき、ザルに上げ、水気をとる

2 保存用密閉袋に平らにして入れる

3 冷凍室へ

＝２か月間 鮮度キープ！

Point 室温で半解凍して炊き込み栗ご飯、煮物、パイなどに

レモン、ユズ

カット後、翌日まで使いきれない分は

小分け　密閉袋　**冷凍室**

1 洗って皮をむき、スライスする。ペーパーで水気をふきとる

2 保存用密閉袋に入れる

3 冷凍室へ

= 1 か 月 間 鮮度キープ！

Point 室温で半解凍して紅茶などに

リンゴ

 丸ごと ポリ袋 野菜室

1 丸ごとポリ袋に入れる

2 野菜室へ

野菜室で

= 2〜3週間 鮮度キープ！

Point 冬なら冷暗所で常温保存（＝約1か月OK）

128

すぐに食べきれない分は

小分け　密閉袋　**冷凍室**

1 洗って皮をむき、薄いくし型切りやサイコロ状など食べやすい大きさにカットし、レモン汁をかける

2 保存用密閉袋に並べて入れて、平らにして空気を抜く

3 冷凍室へ

＝ 1 か 月 間 鮮度キープ！

Point 凍ったままヨーグルトデザートに。室温で半解凍してパイに

バナナ

５日以内に食べる分は

丸ごと　　　　常温

1 丸ごと吊るす。専用スタンドが便利

2 冷暗所へ（常温保存）

＝５日間 鮮度キープ！

Point 熱帯の果物は常温保存が基本。皮が触れている部分から傷むので、吊るすこと

130

すぐに食べきれない分は

野菜
果物
肉
魚介類
主食
卵
乳製品
加工
乾物
その他

小分け 　ラップ
密閉袋 　冷凍室

1 皮をむいて筋をとり、厚さ1cmくらいの斜め切りにする

2 1食分ずつラップで包み、保存用密閉袋に入れる

3 冷凍室へ

＝ 1 か 月 間 鮮度キープ！

- -

Point 室温で半解凍してパイやヨーグルトデザートなどに

パイナップル

カット後３日以内に食べる分は

 丸ごと　ラップ　冷蔵室

1 上下を切り落として、縦半分にカット

2 切り口をラップでしっかり包む

3 冷蔵庫へ

半分に
Cut!

ラップ

＝３日間 鮮度キープ！

Point カット前なら、葉をつけたまま横にするか、葉を下にして冷暗所へ（＝４〜５日ＯＫ）

カット後すぐに食べきれない分は

 小分け 密閉袋 冷凍室

1 ひと口大にカット
する

カット
パインで

2 保存用密閉袋に平
らにして入れる

3 冷凍室へ

＝１か月間 鮮度キープ！

Point 室温で半解凍してヨーグルトデザートやスムー
ジーに

マンゴー、パパイヤ

完熟後すぐに食べきれない分は

1 皮をむいて種をとり、サイコロ状にカットする

2 保存用密閉袋に入れる

3 冷凍室へ

 = 1か月間 鮮度キープ！

Point 室温で半解凍してヨーグルトデザートやスムージーに

Part 3

肉の章

薄切り肉、厚切り肉、ひき肉、ベーコン…
下味冷凍や小分け保存で調理もラクに！

肉をおいしく食べきるポイント

1 購入時に、肉の鮮度を見分ける

☐ まず、プラスチックトレーに血がたくさん
　出ていない
☐ 牛肉は、色が鮮やか
☐ 豚肉・鶏肉は、ツヤがある

2 低温室での冷蔵保存がキホン

☐ 買ってきてすぐに食べるなら、低温室へ
　⇒ 買ってきて3〜4日以内（通常の冷蔵室
　　なら2日以内）で食べきる

3 新鮮なうちに冷凍する

☐ 冷凍するときは、トレーからはずす
☐ ラップで包んで空気を遮断（P6参照）
☐ 急速冷凍する（P7参照）
☐ 保存用密閉袋で冷凍するのがおいしさの
　コツ

4 小分け冷凍で時短調理！

- □ 食べるときのことを考えて、使いやすい形で冷凍する
- □ 薄切り肉は1回分ずつ包む（P143参照）
- □ ひき肉は小分けする（P148参照）
- □ 下味をつけて冷凍すると、保存期間が長くなるうえに調理も便利

5 冷蔵室内で解凍がおすすめ

- □ 冷凍した肉類の解凍は、冷蔵室内がキホン
- □ 調理に使う半日ほど前に、冷凍室から冷蔵室へ移しておく（冷凍した肉を解凍すると赤い汁がでることがある。これは「ドリップ」とよばれるもので、うまみや栄養分のもと。電子レンジなどで急に解凍するとドリップが出やすいので注意）
- □ 解凍したものは、再冷凍しない（衛生的に問題がある）

野菜
果物
肉
魚介類
主食
卵
乳製品
加工
乾物
その他

こま切れ肉（牛肉・豚肉）

３日以内に使う分は

丸ごと　密閉袋　低温室

1 トレーから
出す

2 丸ごと保存用
密閉袋に入れ
て平らにし、
空気を抜く

3 低温室へ

＝３〜４日間 鮮度キープ！

Point 空気に触れる部分を少なくするため、**2**で袋内
の空気をしっかり抜くこと

消費期限内に使いきれない分は

1 1回分ずつラップ
で包み、さらにア
ルミホイルで包む

2 保存用密閉袋に入
れてなるべく平ら
にする

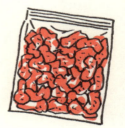

3 冷凍室へ

= 2〜3週間 鮮度キープ！

Point 冷蔵室内で解凍して野菜炒めなどに

厚切り肉（牛肉・豚肉）

３日以内に使う分は

 小分け   ラップ ポリ袋 低温室

1 １枚ずつラップで
包む

2 ポリ袋に入れる

3 低温室へ

＝ ３日間 鮮度キープ！

Point トレーに入れたままだと空気に触れる部分が多
いため酸化しやすい

消費期限内に使いきれない分は

1 1枚ずつラップで
包み、さらにアル
ミホイルで包む

2 保存用密閉袋に入
れる

3 冷凍室へ

= 3〜4週間 鮮度キープ！

Point 冷蔵室内で自然解凍してステーキに。水分が出
るのを防ぐため、塩コショウをするなら調理時
に

野菜
果物
肉
魚介類
主食
卵
乳製品
加工
乾物
その他

薄切り肉（牛肉・豚肉）

３日以内に使う分は

小分け　　ラップ ポリ袋　　低温室

1 トレーから出し、３～４枚ずつ重ねてラップで包む

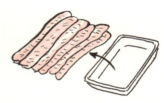

2 ポリ袋に入れる

3 低温室へ

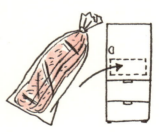

＝３～４日間 鮮度キープ！

Point トレーに入れたままだと空気に触れる部分が多いため酸化しやすい

142

消費期限内に使いきれない分は

小分け　ラップ ホイル 密閉袋　冷凍室

1 1回分（数枚）ず
つラップで包む

2 アルミホイルで包
み、保存用密閉袋
に入れる

3 冷凍室へ

＝1か月間 鮮度キープ！

- -

Point 冷蔵室内で解凍してしょうが焼きなどに

あとは焼くだけ！時短もかなえる
ラクうま下味冷凍しょうが焼き

1 保存用密閉袋に豚肉（こま切れ肉か薄切り肉）、しょうゆ、酒、しょうが汁を入れてもみこむ

2 バットの上に置くか、アルミホイルで袋ごと包む

3 冷凍室へ

＝３〜４週間 鮮度キープ！

Point 室温で半解凍して焼けば、しょうが焼きに

角切り肉（牛肉・豚肉）、スペアリブ（豚肉）

消費期限内に使いきれない分は

 小分け　バット密閉袋　冷凍室

1 バットの上に、くっつかないようバラバラに並べて急速冷凍する

2 凍ったら保存用密閉袋に入れる

3 冷凍室へ

= 2〜3週間 鮮度キープ！

Point 1でバラバラに冷凍することで調理しやすくなる。冷蔵室内で自然解凍してカレーなどに

鶏もも肉、鶏胸肉

３日以内に使う分は

丸ごと 　密閉袋　 下味 低温室

1 ひと口大に切り、保存用密閉袋に入れる

2 塩、コショウ、酒をふり、袋の上からよくもむ

3 低温室へ

= ３〜４日間 鮮度キープ！

Point 下味をつけてから保存しておくと調理時に便利

消費期限内に使いきれない分は

 小分け　 バット密閉袋　 冷凍室

1 ひと口大に切り、バットの上に、くっつかないようバラバラに並べて急速冷凍する

2 凍ったら保存用密閉袋に入れる

3 冷凍室へ

＝ 2〜3週間 鮮度キープ！

Point 1でバラバラに冷凍することで調理しやすくなる。冷蔵室内で自然解凍してから揚げなどに

ひき肉（牛肉・豚肉・鶏肉）

消費期限内に使いきれない分は

 丸ごと   密閉袋バット   冷凍室

1 トレーから出し、保存用密閉袋に入れる

2 1回分ずつ使えるように、菜箸で筋をつける

3 バットに乗せて急速冷凍する

＝ 2週間 鮮度キープ！

Point ひき肉は傷みやすいので冷蔵は不向き（買った当日中に使うのが原則）

Cooking Memo

お買い得なひき肉で節約を！
手づくり冷凍ハンバーグ

1 ボウルにひき肉、タマネギのみじん切り炒め、塩、コショウ、卵を入れてこねる

2 ハンバーグ用に形づくり、フライパンで焼く。冷めたら1食分ずつラップで包み、保存用密閉袋に入れる

3 冷凍室へ

＝３〜４週間 鮮度キープ！

Point 凍ったままお弁当に。**2**でミートボールにして多めの油で焼き揚げても美味しい

野菜　果物　肉　魚介類　主食　卵　乳製品　加工　乾物　その他

鶏手羽先・鶏手羽元

消費期限内に使いきれない分は

小分け　バット密閉袋　**冷凍室**

1 ペーパーで水気をふきとり、バットの上に、くっつかないようバラバラに並べて急速冷凍する

2 凍ったら保存用密閉袋に入れる

3 冷凍室へ

＝ ２〜３週間 鮮度キープ！

Point 冷蔵室内で解凍して煮物などに。圧力鍋なら凍ったまま調理ＯＫ

鶏ささみ

消費期限内に使いきれない分は

 小分け

 ラップ
ホイル
密閉袋

 冷凍室

1 筋をとり、塩をふり、水気をシートでふく

2 1本ずつラップで包み、さらにアルミホイルで包んで保存用密閉袋に入れる

3 冷凍室へ

= 2週間 鮮度キープ！

Point 冷蔵室内で解凍してソテーなどに

野菜
果物
肉
魚介類
主食
卵
乳製品
加工
乾物
その他

豚かたまり肉

消費期限内に使いきれない分は

1 使いやすい大きさに切り、それぞれラップで包む。バットの上に並べて急速冷凍する

2 凍ったら保存用密閉袋に入れる

3 冷凍室へ

= 2〜3週間 鮮度キープ！

Point 冷蔵室内で解凍して煮物などに。かたまりのままでは冷凍に時間がかかって味が劣化する

レバー（牛肉・豚肉・鶏肉）

消費期限内に使いきれない分は

小分け　密閉袋　**下味冷凍**

1 下処理してひと口大に切り、保存用密閉袋に入れる

2 しょうゆ、酒、しょうが汁をふって軽くもむ

3 冷凍室へ

＝１〜２週間 鮮度キープ！

Point 室温で半解凍して炒め物に

ベーコン

開封後すぐに使いきれない分は

 小分け　密閉袋　冷凍室

1 使いやすい大きさ
にカット

2 保存用密閉袋に入
れる

3 冷凍室へ

= １か月間 鮮度キープ！

Point 凍ったままパスタや炒め物に

スライスハム、生ハム

開封後すぐに使いきれない分は

小分け　ラップ密閉袋　冷凍室

野菜
果物
肉
魚介類
主食
卵
乳製品
加工
乾物
その他

1 ラップに1枚ずつ広げて乗せ、ラップをはさみながら数段重ねる

2 1食分ずつラップで包み（生ハムはさらにアルミホイルで包み）、保存用密閉袋に入れる

3 冷凍室へ

= 1か月間 鮮度キープ！

Point 密閉袋に入れたまま流水で解凍してサラダやマリネに

ソーセージ

開封後すぐに使いきれない分は

 小分け　 密閉袋　冷凍室

1 1本ずつ切り込み
を入れておく

2 保存用密閉袋へ入
れる

3 冷凍室へ

= 1 か月間 鮮度キープ！

Point 加熱時に破裂するのを防ぐため、切り込みを入
れる。室温で半解凍して焼いたりスープなどに

156

魚介類の章

アジ、サンマ、サケ、刺身、イカ、エビ…
このひと工夫で、ずっと鮮度バツグン！

魚介類をおいしく食べきるポイント

1 購入時に、魚介類の鮮度を見分ける

- □ まず、プラスチックトレーに、汁がたくさん出ていない
- □ 一尾魚は、目がにごっていないで澄んでいる。身に弾力がある。エラが黒ずんでいない
- □ 切り身魚は、切り口にツヤがある
- □ 刺身は、色が鮮やかで、切り口がシャープ

2 買ってきたらすぐ下処理する

- □ 一尾魚は、すぐにエラや腹ワタを出し、頭を落とす
- □ 買ってきてすぐ食べるなら、低温室へ
  ⇒ 買ってきて2日以内で（通常の冷蔵室なら当日中に）食べきる

3 小分け冷凍で時短調理！

- ☐ 食べるときのことを考えて、使いやすい形で冷凍する
- ☐ 下味をつけて冷凍すると、保存期間が長くなるうえに調理も便利

4 冷蔵室内で解凍がおすすめ

- ☐ 冷凍した魚介類の解凍は、冷蔵室内がキホン
- ☐ 調理に使う半日ほど前に、冷凍室から冷蔵室へ移しておく
- ☐ 調理を急いでいる場合は、流水で解凍したり、電子レンジの冷凍機能を使ってもOK
- ☐ 完全に解凍せず、半解凍の状態で調理するほうがおいしい
- ☐ 解凍したものは、再冷凍しない（衛生的に問題がある）

アジ、豆アジ

 小分け ラップ ホイル 密閉袋 冷凍室

1 アジは三枚におろし、豆アジは頭、腹ワタをとって、塩、コショウをする

2 1枚ずつラップで包み、さらにアルミホイルで包んで保存用密閉袋に入れる

3 冷凍室へ

= **3〜4週間** 鮮度キープ！

Point アジは室温で半解凍してムニエルやフライに。
豆アジは凍ったまま素揚げに

イワシ

消費期限内に使いきれない分は

 小分け　 ラップ ホイル 密閉袋　冷凍室

1 三枚におろすか、頭と腹ワタをとって、ペーパーで水気をふきとる

2 1枚ずつラップで包み、さらにアルミホイルで包んで保存用密閉袋に入れる

3 冷凍室へ

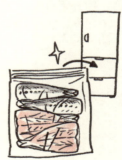

= 2〜3週間 鮮度キープ！

Point 室内で半解凍して、すり身をだんごにして鍋や揚げ物に

サバ

消費期限内に使いきれない分は

小分け ラップ密閉袋 **冷凍室**

1 下処理をして塩を
ふり、ペーパーで
水気をふきとる

2 1切れずつラップ
で包み、保存用密
閉袋に入れる

3 冷凍室へ

＝２〜３週間 鮮度キープ！

Point サバは傷みやすいので、冷凍するなら下味をつ
ける。室内で半解凍してソテーや味噌煮などに

サンマ

消費期限内に使いきれない分は

 小分け　 ラップ ホイル 密閉袋　 冷凍室

1 下処理をして軽く塩をふり、水気をきって、三枚おろしや筒切りなど使いやすいようにカットする

2 1食分ずつラップで包み、さらにアルミホイルで包んで、保存用密閉袋に入れる

3 冷凍室へ

= 2〜3週間 鮮度キープ！

Point 三枚おろしなら室温で半解凍してかば焼きやフライに。筒切りなら室温で半解凍して煮物に

サケ（生サケ、塩サケ）

消費期限内に使いきれない分は

 小分け ラップ ホイル 密閉袋 冷凍室

1 生のサケは、軽く塩を
ふり、しばらくおく。
出てきた水気をペーパ
ーでしっかりふきとる
（塩サケは **1** 不要）

2 1枚ずつラップで包み、
さらにアルミホイルで
包んで保存用密閉袋に
入れる

3 冷凍室へ

＝2週間 鮮度キープ！

- -

Point 凍ったままシチューなどに。室温で半解凍して
ソテーなどに

切り身（ブリ、カジキマグロ、カレイ、タラ、サワラなど）

消費期限内に使いきれない分は

 小分け ラップ ホイル 密閉袋 冷凍室

1 軽く塩をふり、しばらくおく。出てきた水気をしっかりとる

2 1枚ずつラップで包み、さらにアルミホイルで包んで保存用密閉袋に入れる

3 冷凍室へ

= 2週間 鮮度キープ！

Point 凍ったまま煮物や鍋などに。室温で半解凍して焼き物などに

マグロの刺身

丸ごと　バット　**下味 低温室**

1 ペーパーで水気を
ふきとり、バット
に入れる

2 しょうゆ、みりん、
酒を合わせた調味
液に漬けて、ラッ
プをする

しょうゆ　みりん　酒

3 低温室へ

＝２日間 鮮度キープ！

Point 薄くスライスし漬け丼や、お茶漬けに

166

消費期限内に使いきれない分は

 小分け   ラップ ホイル 密閉袋 冷凍室

1 左ページ**1**〜**3**の方法で漬けにしたものを、使いやすい大きさにカットする

2 1枚ずつラップで包み、さらにアルミホイルで包んで保存用密閉袋に入れる

3 冷凍室へ

= **2〜3週間** 鮮度キープ！

Point 自然解凍後、片栗粉や小麦粉をまぶして揚げ物に。解凍ものは再冷凍ＮＧ

サーモン・白身魚の刺身

消費期限内に使いきれない分は

 丸ごと   ラップ ホイル 密閉袋   冷凍室

1 軽く塩をふり、ペーパーで水気をふきとる

2 1食分ずつラップで包み、さらにアルミホイルで包んで保存用密閉袋に入れる

3 冷凍室へ

= 2週間 鮮度キープ！

Point 室温で半解凍して揚げ物やフライに。サクの刺身は、あらかじめ1でスライスしてもOK

168

カツオの刺身

消費期限内に使いきれない分は

 小分け ラップ ホイル 密閉袋 冷凍室

1 ペーパーで水気を
ふきとり、使いや
すい大きさにカッ
トする

2 ラップで包み、さ
らにアルミホイル
で包んで保存用密
閉袋に入れる

3 冷凍室へ

＝2週間 鮮度キープ！

Point 自然解凍してそのまま食べるより加熱調理がお
すすめ。室温で半解凍して煮物に

干物

消費期限内に使いきれない分は

 丸ごと

 ラップ ホイル 密閉袋

 冷凍室

1 1枚ずつラップで包み、さらにアルミホイルで包む

2 保存用密閉袋に入れる

3 冷凍室へ

＝ 1か月間 鮮度キープ！

Point 凍ったまま焼いてOK。脂が多いので酸化防止のために1でアルミホイルを使う

漬け魚（みそ漬け、かす漬け、西京漬け）

消費期限内に使いきれない分は

(小分け)　(密閉袋)　**冷凍室**

1 網やフライパンで
焼き、身をほぐし
て、冷ます

2 保存用密閉袋に入
れる

3 冷凍室へ

＝１〜２か月 鮮度キープ！

Point 凍ったままお弁当のごはんに乗せたりお茶漬け
に。**1**でほぐさず左頁の方法で冷凍してもOK

しらす干し、じゃこ

消費期限内に使いきれない分は

 小分け ポリ袋 密閉袋 冷凍室

1 1回分ずつポリ袋 に小分けする

2 保存用密閉袋に入 れて平らにする

チャーハン

混ぜごはん

和え物

3 冷凍室へ

＝1か月間 鮮度キープ！

Point 凍ったままチャーハン、混ぜご飯、和え物など に

いくら

消費期限内に使いきれない分は

 小分け ラップ ホイル 密閉袋 冷凍室

1 小さめの茶碗にラップを敷いて1回分ずつラップで包み、さらにアルミホイルで包む

2 保存用密閉袋に入れる

3 冷凍室へ

＝ １か月間 鮮度キープ！

Point 自然解凍してちらし寿司や寿司ネタ、和え物に

タラコ、明太子

消費期限内に使いきれない分は【その1】

 小分け   ラップ 密閉容器   冷凍室

1 1/2腹に切り、
ラップで包む

2 保存用密閉容器に
入れる

3 冷凍室へ

＝１か月間 鮮度キープ！

Point 凍ったままパスタやお茶漬けなどに

消費期限内に使いきれない分は【その2】

小分け　密閉袋　**冷凍室**

1 網で焼き、軽くほ
ぐして、冷ます

ほぐして

2 保存用密閉袋に入
れる

3 冷凍室へ

= **2か月間** 鮮度キープ！

Point 凍ったままお茶漬けやおにぎりの具に

かずのこ

消費期限内に使いきれない分は

 小分け ラップ ホイル 密閉袋 冷凍室

1 1個ずつラップで包み、さらにアルミホイルで包む

2 保存用密閉袋に入れる

3 冷凍室へ

＝２〜３か月 鮮度キープ！

Point 塩かずのこは塩分が強いので、保存用密閉袋に入れて空気を遮断し冷蔵室へ（＝１か月ＯＫ）

ウナギ、アナゴ（かば焼き・白焼き）

消費期限内に使いきれない分は

小分け　ラップ密閉袋　冷凍室

1 1枚ずつラップで包む

2 1食分ずつ保存用密閉袋に入れる

3 冷凍室へ

= 1〜2か月 鮮度キープ！

Point かば焼きなら自然解凍してひつまぶしに。白焼きなら半解凍後、蒸して和え物や酢の物に

スモークサーモン

消費期限内に使いきれない分は

 小分け ラップ ホイル 密閉袋 冷凍室

1 ラップに1枚ずつ
広げて乗せ、ラッ
プをはさみながら
数段重ねる

2 1回分ずつアルミ
ホイルで包み、保
存用密閉袋に入れ
る

3 冷凍室へ

＝1〜2か月 鮮度キープ！

Point 自然解凍してマリネやサラダ、サンドイッチの
具などに

ホタテ

消費期限内に使いきれない分は

小分け　ラップ密閉袋　冷凍室

1 殻をはずして身を洗う。貝柱とヒモを分け、水気をしっかりふく

2 それぞれラップで包んで保存用密閉袋に入れて、空気を抜き、平らにする

3 冷凍室へ

= 2〜3週間 鮮度キープ！

Point ボイル済みのベビーホタテなら **1** を省略してOK

アサリ、ハマグリ、シジミ

消費期限内に使いきれない分は

 丸ごと 密閉袋 冷凍室

1 砂抜きしたら、水気をしっかりふく

2 殻ごと保存用密閉袋に入れて、ストローで空気を抜き、平らにする

3 冷凍室へ

= 1か月間 鮮度キープ！

Point 凍ったまま酒蒸し、汁物、パスタなどに

イカ

消費期限内に使いきれない分は

 小分け　密閉袋　**冷凍室**

1 胴体はひと口大に切り、下ゆでする。ザルにあげて、ペーパーで水気をしっかりふきとる

2 1食分ずつ保存用密閉袋に入れて、空気を抜き、平らにする

3 冷凍室へ

＝2か月間 鮮度キープ！

Point 室温で半解凍して炒め物、煮物などに。ワタをつけたままだと傷みやすいのですぐ下処理を

エビ（殻つき）

消費期限内に使いきれない分は

1 殻をむき、頭、背ワタとる。塩と酒をふってしばらくおき、ペーパーで水気をふきとる

2 保存用密閉袋に入れて、空気を抜き、平らにする

3 冷凍室へ

＝１か月間 鮮度キープ！

Point 凍ったまま炒め物やスープに。自然解凍してサラダに

タコ（ボイル）

消費期限内に使いきれない分は

小分け　ラップ密閉袋　冷凍室

1 そぎ切り、ぶつ切りなど、使いやすい大きさにカットする

2 1食分ずつラップで包み、保存用密閉袋に入れて、空気を抜き、平らにする

3 冷凍室へ

= 1か月間 鮮度キープ！

Point 室温で半解凍して煮物、パスタに。自然解凍してサラダ、マリネ、酢の物に

カニ（ボイル）

1 身をほぐす

2 1回分ずつラップ
で包み、保存用密
閉袋に入れる

3 冷凍室へ

＝ 1 か 月 間 鮮度キープ！

Point 自然解凍してサラダや和え物などに

184

Part 5

主食・卵・乳製品の章

ごはん、パン、めん、卵、チーズ…
ちょっとの手間でおいしさグンとアップ！

炊いたごはん

翌日までに食べきれない分は

 小分け　 ラップ密閉袋　 冷凍室

1 炊きたてのごはんを１食分ずつラップでふんわり包み、さらにアルミホイルで包む

2 冷ましたら保存用密閉袋に入れる

3 冷凍室へ

= ３週間 鮮度キープ！

Point ラップの上からフォークで穴をあけて、電子レンジで解凍

（市販の）**もち**

開封後すぐに食べきれない分は

小分け　　ラップ密閉袋　　冷凍室

1 1食分ずつ小分けにする

2 ラップで包み、さらにアルミホイルで包み、保存用密閉袋に入れる

3 冷凍室へ

= **1か月間** 鮮度キープ！

Point 凍ったまま鍋やおしるこに。焼くときは室温で半解凍してから

野菜　果物　肉　魚介類　主食　卵　乳製品　加工　乾物　その他

パン（食パン・フランスパン・ロールパンなど）

翌日までに食べきれない分は

 小分け   ラップ 密閉袋   冷凍室

1 1食分ずつラップで包み、さらにアルミホイルで包む

冷蔵は✕

2 保存用密閉袋に入れて、袋にストローをさして空気を抜き、封をする

3 冷凍室へ

＝3週間 鮮度キープ！

Point 凍ったまま霧吹きで湿らせて、オーブントースターで焼く。パサつくので冷蔵はNG

ゆでめん、生めん（うどん、そばなど）

賞味期限内に使いきれない分は

1 1食分ずつラップで
包み、さらにアルミ
ホイルで包む

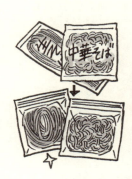

2 保存用密閉袋に
入れる

3 冷凍室へ

＝ 1か月間 鮮度キープ！

Point 凍ったままゆでて使う

ゆでた乾めん（パスタなど）

すぐに使いきれない分は

 小分け ラップ ホイル 密閉袋 冷凍室

1 固めにゆでて、しっかり水気をきる

2 1食分ずつラップで包み、さらにアルミホイルで包んで保存用密閉袋に入れる

3 冷凍室へ

かためにゆで

しっかり水切り！

= 1 か月間 鮮度キープ！

Point レンジで加熱して調理。パスタは**1**でオイルをまぶしておくと、調理時にほぐしやすい

190

おにぎり、焼きおにぎり、いなりずし、五目ずし

すぐに食べきれない分は

  冷凍室

1 （解凍しやすいように小さめににぎっておく）
1個ずつラップでしっかり包み、さらにアルミホイルで包む

2 保存用密閉袋に入れる

小さめに

3 冷凍室へ

= 1 か 月 間 鮮度キープ！

Point おにぎり・焼きおにぎりは電子レンジで解凍、
いなりずし・五目ずしは自然解凍して食べる

チャーハン、炊き込みごはん

翌日までに食べきれない分は

 小分け

 ラップ ホイル 密閉袋

 冷凍室

1 1食分ずつラップで
包み、さらにアルミ
ホイルで包む

2 保存用密閉袋に
入れる

3 冷凍室へ

チャーハンや
ドライカレーは
炒めるとGood

= 1か月間 鮮度キープ！

Point レンジで加熱して食べる。チャーハンは解凍後
フライパンで軽く炒めるとより美味

お好み焼き

翌日までに食べきれない分は

 小分け　 ラップ ホイル 密閉袋　冷凍室

1 1個ずつラップで包み、さらにアルミホイルで包む

2 保存用密閉袋に入れる

3 冷凍室へ

＝ 1か月間 鮮度キープ！

Point レンジで解凍してフライパンで軽く焼いて食べる

卵

賞味期限内に使う分は

丸ごと　そのまま　冷蔵室

1 とがったほうを下に向ける

2 冷蔵室へ

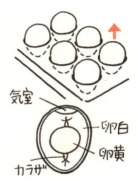

気室
卵白
卵黄
カラザ

＝ 2〜3週間 鮮度キープ！

Point 卵は、生で食べるなら1週間以内がベスト。ゆで卵なら冷蔵室へ＝2日間ＯＫ

Cooking Memo

お弁当やサンドイッチに便利！
卵料理の冷凍アイデア集

厚焼き玉子

2cm厚さにカットし、ラップで包んで保存用密閉袋に入れて冷凍室へ＝**1か月OK**。凍ったままお弁当に

ゆで卵

そのまま冷凍すると食感が変わるので、刻んでマヨネーズであえて、保存用密閉袋に入れて冷凍室へ＝**1か月OK**。自然解凍してサンドイッチやサラダに

炒り卵

1食分ずつラップで包んで保存用密閉袋に入れて冷凍室へ＝**1か月OK**。凍ったままチャーハンや炒め物に

野菜
果物
肉
魚介類
主食
卵
乳製品
加工
乾物
その他

生クリーム

開封後すぐに使いきれない分は

小分け　　ラップ密閉袋　　冷凍室

1 ツノが立つまでし
っかり泡だてる
（お菓子用なら砂糖を
加えておく）

2 ラップの上に、絞り袋で
1回分ずつ絞る。ラップ
を包み、バットの上に並
べて急速冷凍。凍ったら
保存用密閉袋に入れる

3 冷凍室へ

＝ 1か月間 鮮度キープ！

Point 室温で半解凍してコーヒーなどに。生クリーム
は液体のまま冷凍すると分離するのでNG

バター

開封後すぐに使いきれない分は

 小分け ラップ ホイル 密閉袋 冷凍室

1 使いやすい大きさに カットする

2 1回分ずつラップで 包み、さらにアルミ ホイルで包んで保存 用密閉袋に入れる

3 冷凍室へ

＝３か月 鮮度キープ！

Point 冷蔵室内で解凍して料理やお菓子に。マーガリ ンは冷凍すると分離するのでこの方法はNG

ピザ用チーズ、粉チーズ

開封後すぐに使いきれない分は

 小分け　 ラップ ホイル 密閉袋　 冷凍室

1 1回分ずつラップ
で包み、さらにア
ルミホイルで包む

1か月OK!

2 保存用密閉袋に
入れる

3 冷凍室へ

＝１か月間 鮮度キープ！

Point 凍ったままパスタなどに。プロセス、フレッシュ、
白・青カビ、ハード系のチーズは冷凍ＮＧ

ヨーグルト

開封後すぐに食べきれない分は

小分け　密閉容器　**冷凍室**

1 砂糖のほか、好みで
ジャムや泡だてた生
クリームを加える

砂糖
Jam
生クリーム
＋
ヨーグルト
フローズンデザートに

2 保存用密閉容器
に入れる

3 冷凍室へ

＝ 1 か月間 鮮度キープ！

Point ヨーグルトはそのまま冷凍すると分離するがア
イスには最適。室温で半解凍して食べる

牛乳、豆乳

使いきれない牛乳や豆乳は ホワイトソースにして冷凍を

1 バター50g、小麦粉50g を弱火で炒める。粉っぽくなってきたら牛乳か豆乳500mlを加え、しゃもじでかき混ぜながら煮る

2 塩、コショウで味を調える。冷めたら保存用密閉袋に入れる

3 冷凍室へ

＝２〜３週間 鮮度キープ！

Point 牛乳や豆乳はそのまま冷凍すると分離してしまう。2で製氷皿に入れて冷凍するとより便利

Part
6

加工食品・乾物・その他の章

豆腐、昆布、ひじき、カレー…
この保存方法ならスピード調理もカンタン！

ジャガイモは
つぶしておく

大きな
ニンジン
は出す

とうふ

こんぶ

豆腐

開封後すぐに使いきれない分は

1 水切りする

2 1食分ずつラップで
包み、さらにアルミ
ホイルで包んで保存
用密閉袋に入れる

3 冷凍室へ

= **3週間** 鮮度キープ!

Point 室温で半解凍して揚げ出し豆腐やステーキ、煮
物に

油あげ

開封後すぐに使いきれない分は

小分け　ラップホイル密閉袋　冷凍室

1 ゆでて油抜きする

油あげ

油抜きして

2 1食分ずつラップで
包み、さらにアルミ
ホイルで包み、保存
用密閉袋に入れる

3 冷凍室へ

＝1か月間 鮮度キープ！

Point 1で細切りにしておくと、凍ったまま調理に使
える。煮物や蒸し物、みそ汁に

厚あげ、がんもどき

開封後すぐに使いきれない分は

 小分け ラップ 密閉袋 冷凍室

1 1食分ずつラップで 包み、さらにアルミ ホイルで包む

2 保存用密閉袋に 入れる

3 冷凍室へ

冷蔵室で解凍

＝ 1 か 月 間 鮮度キープ！

Point 冷蔵室内で解凍して煮物などに

おから

開封後すぐに使いきれない分は

小分け　ラップ密閉袋　冷凍室

1 フライパンでからいりする（油をひかずに弱火で炒めて水分をとばす）

から炒りして

2 １食分ずつラップで包み、平らにしてアルミホイルで包んで保存用密閉袋に入れる

3 冷凍室へ

＝１か月間 鮮度キープ！

Point 1を省いて生のまま冷凍してもＯＫだが、からいりすることで風味が長持ち

納豆

賞味期限内に食べきれない分は

丸ごと　密閉袋　**冷凍室**

1 市販のパックのまま
保存用密閉袋に入れ
る

2 冷凍室へ

✦ 2〜3か月OK!

＝2〜3か月 鮮度キープ!

Point 冷蔵室内で解凍、または自然解凍して食べる。
凍ったまま刻めばひきわり納豆ができる

酒かす

開封後1か月以内に使う分は

 小分け　　ラップ密閉袋　　冷蔵室

1 使いやすい分量に
カットする

2 1回分ずつラップ
で包み、保存用密
閉袋に入れる

3 冷蔵室へ

= 1 か月間 鮮度キープ！

Point 1か月以内に使いきれない分は **3** で冷凍室へ
（＝1年OK。室温で半解凍して甘酒やかす汁に）

コンニャク

開封後すぐに使いきれない分は

 小分け ラップ密閉袋 冷凍室

1 そのままラップで包み、保存用密閉袋に入れる

凍み風に

2 冷凍室へ

しょうゆ
みりん
天ぷらにも

= **1か月間** 鮮度キープ！

Point 自然解凍して薄切りにし、甘辛煮などに。凍みこんにゃく風の歯ごたえで味もしみやすくなる

漬け物

Cooking Memo

漬け物がもっと長持ち！
酸味が出たら炒め物や鍋に

漬け物全般

1食分ずつラップで包んで保存用密閉袋に入れて冷凍室へ＝**1か月OK**

浅漬け

低温室で2〜3日熟成させると美味＝**1週間OK**。ラップで小分けして保存用密閉袋に入れて冷凍なら＝**1〜2か月OK**

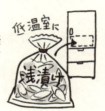

梅干し

ペーストして冷凍がおすすめ。種を取って皮ごとたたき、1食分ずつラップで包んで保存用密閉袋に入れて冷凍室へ＝**1年OK**

キムチ

保存用密閉袋に入れて冷蔵室へ＝**1か月OK**。酸っぱくなったら、刻んで炒め物や鍋に

缶詰、ビン詰

開封後、すぐに使いきれない分は

1 1回分ずつラップで
包み、さらにアルミ
ホイルで包む

2 保存用密閉袋に
入れる

3 冷凍室へ

= **1か月間** 鮮度キープ！

Point 凍ったままスープなどに。缶詰やビン詰は傷み
やすいので開封後の冷蔵はNG

のり、乾物全般

野菜
果物
肉
魚介類
主食
卵
乳製品
加工
乾物
その他

開封後すぐに使いきれない分は

小分け　ラップ密閉袋　冷凍室

1 大判のりは使いやすい大きさにカットする

Cut して小分けにラップ

2 1回分ずつラップで包み、保存用密閉袋に入れる

こんぶ

3 冷凍室へ

= 1年間 鮮度キープ！

Point のりは軽く火であぶって、乾物全般は自然解凍してから使う

ひじき

開封後すぐに使いきれない分は

1 水で戻して水気を
きる

戻してあれば
料理に便利

2 1回分ずつラップ
で包み、保存用密
閉袋に入れる

3 冷凍室へ

＝１〜２か月 鮮度キープ！

Point この方法だと調理時に便利。乾物のままなら密
閉袋で常温保存（＝１〜２年ＯＫ）

切り干し大根

開封後すぐに使いきれない分は

小分け　ラップ密閉袋　**冷凍室**

1 水で戻して水気をきり、使いやすい長さにカットする

2 1回分ずつラップで包み、保存用密閉袋に入れる

戻して小分け

3 冷凍室へ

＝ 2 か月 鮮度キープ！

Point 開封後は常温保存だと黄色くなり劣化しやすい。この方法だと調理時に便利

高野豆腐

小分け ラップ密閉袋 冷凍室

1 50～60℃のお湯で戻し、水気をしぼる

50～60℃の
お湯で戻す

2 1回分ずつラップで包み、保存用密閉袋に入れる

3 冷凍室へ

= 1 か 月 間 鮮度キープ！

Point 含め煮にして冷凍するのもおすすめ。この場合
汁ごと密閉袋に入れて冷凍室へ（＝1か月OK）

緑豆春雨

戻した後すぐに使いきれない分は

1 下ゆでし、水気をきる

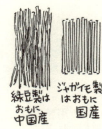

緑豆製はおもに中国産　ジャガイモ製はおもに国産

2 使いやすい分量ずつラップで包み、保存用密閉袋に入れる

3 冷凍室へ

＝１か月間 鮮度キープ！

Point 緑豆春雨は煮てもコシがある。室温で半解凍してスープなどに。ジャガイモ製春雨は冷凍ＮＧ

干ししいたけ

開封後1か月以内に使う分は

丸ごと　密閉袋　冷蔵室

1 ラップで包む

2 保存用密閉袋
に入れる

軸が短かく大きさの
そろっているものがよい

3 冷蔵室へ

= 1か月間 鮮度キープ！

Point 干ししいたけを店頭で選ぶ際は、黒ずんだもの
は避け、裏が淡黄色のものを選ぶ

戻した後すぐに使いきれない分は

小分け ラップ密閉袋 **冷凍室**

1 水で戻し、スライスして水気をきる

2 1回分ずつラップで包み、保存用密閉袋に入れる

3 冷凍室へ

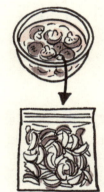

スライス

= 1か月間 鮮度キープ！

Point 自然解凍して使う。戻し汁はだし汁として使えるが、当日中に使うようにする

おかず

お弁当やつくりおきに超便利！
おかずの冷凍アイデア集

きんぴらごぼう、ひじきの煮物

シリコンカップに小分けして密閉容器に入れて冷凍室へ＝**1か月OK**。凍ったままお弁当に

お弁当に便利

むし鶏、ゆで豚

むし鶏は使いやすいように細かくさいておく。ゆで豚は薄切りにしておく。適量ずつラップで包み、密閉袋に入れて冷凍室へ＝**1か月OK**。自然解凍して和え物などに

1か月

市販の冷凍食品

−18℃なら**1年OK**。使いかけは密閉袋に入れて冷凍庫へ＝**1か月以内**に使う

カレー、シチュー、肉じゃが

ジャガイモをフォークでつぶしておく。大きなニンジンは取りだす。密閉袋に入れて冷凍室へ＝**1か月 OK**。カレーは自然解凍してから鍋で加熱。肉じゃがは解凍して卵でつないでお焼きに

ジャガイモはつぶしておく

大きなニンジンは出す

揚げ物

揚げる前の衣つきのトンカツやコロッケ、から揚げなどは、密閉袋に入れて冷凍庫へ＝**2週間 OK**。凍ったまま170℃の油でじっくり揚げる。油ハネに注意

揚げたものなら冷ましてから1個ずつラップで包み、密閉袋に入れて冷凍庫へ＝**1か月 OK**。凍ったままお弁当に入れる

冷まして冷凍

素材別さくいん

人生の活動源として

いま要求される新しい気運は、最も現実的な生々しい時代に吐息する大衆の活力と活動源である。

文明はすべてを合理化し、自主的精神はますます衰退に瀕し、自由は奪われようとしている今日、プレイブックスに課せられた役割と必要は広く新鮮な願いとなろう。

いわゆる知識人にもとめる書物は数多く窺うまでもない。

本刊行は、在来の観念類型を打破し、謂わば現代生活の機能に即する潤滑油として、逞しい生命を吹込もうとするものである。

われわれの現状は、埃りと騒音に紛れ、雑踏に苛まれ、あくせく追われる仕事に、日々の不安は健全な精神生活を妨げる圧迫感となり、まさに現実はストレス症状を呈している。

プレイブックスは、それらすべてのうっ積を吹きとばし、自由闊達な活動力を培養し、勇気と自信を生みだす最も楽しいシリーズたらんことを、われわれは鋭意貫かんとするものである。

―― 創始者のことば ―― 小澤 和一

編者紹介

ホームライフセミナー

「毎日を楽しく、より快適に生活したい」と願う人のために、日夜、取材・研究を重ねているエキスパート集団。本書では、日ごろよく使う食材の、鮮度長持ちで、料理にすぐ使える保存のコツを大公開。仕事や育児で忙しい人でも、まとめ買いする人でも、これでもう食材をムダにすることなく、おいしく食べきれる。

手間をかけずに鮮度長持ち！
食品保存 早わかり便利帳

2016年11月10日　第1刷

編　者　　ホームライフセミナー

発行者　　小澤源太郎

責任編集　株式会社プライム涌光

電話　編集部　03(3203)2850

発行所　東京都新宿区　株式会社青春出版社
　　　　若松町12番1号
　　　　〒162-0056

電話　営業部　03(3207)1916　振替番号　00190-7-98602

印刷・図書印刷　　製本・フォーネット社

ISBN978-4-413-21073-7
©Home Life Seminar 2016 Printed in Japan